C000170855

Weil eine Welt mit Geschichten
eine bessere Welt ist.

Mariefu

Deutschlandreise – Augen auf und durch...

Life is a story

schreib's auf
story.one

1. Auflage 2020
© Mariefu

Herstellung, Gestaltung und Konzeption:
Verlag story.one publishing – www.story.one
Eine Marke der Storylution GmbH

Alle Rechte vorbehalten, insbesondere das des öffentlichen Vortrags,
der Übertragung durch Rundfunk und Fernsehen sowie Übersetzung,
auch einzelner Teile. Kein Teil des Werkes darf in irgendeiner Form
(durch Fotografie, Mikrofilm oder andere Verfahren) ohne schriftliche
Genehmigung des Copyright-Inhabers reproduziert oder unter Verwendung
elektronischer Systeme verarbeitet, vervielfältigt oder verbreitet werden.
Sämtliche Angaben in diesem Werk erfolgen trotz sorgfältiger
Bearbeitung ohne Gewähr. Eine Haftung der Autoren bzw.
Herausgeber und des Verlages ist ausgeschlossen.

Gesetzt aus Minion Pro und Lato.
© Coverfoto: ClaMari, istockphoto
© Fotos: Privat

Printed in the European Union.

ISBN: 978-3-99087-297-0

Dieses Buch widme ich allen, die immer ermunternd bei mir sind- ob im realen Leben oder virtuell auf meinen Reiserouten. Danke für die Begleitung- durch Euch werden Geschichten nicht nur geschrieben, sondern lebendig.

INHALT

Vorwärts-rückwärts-seitwärts...

Eine Schlange bildet sich vor der Rezeption-Mittagsruhe. Endlich tut sich was. Der Herr vor mir wünscht sich für 4 Tage einen Platz am Wasser. Die Stimme hinterm Tresen verkündet ungehalten, das seien 3 Tage zu viel, aber 2. oder 3. Reihe gerne. Jetzt traue ich mich kaum zu fragen: „Eine Nacht 1. Reihe?" Der Mitarbeiter antwortet: „Schwierig, seeehr schwierig!" Wie ein Kind möchte ich sagen „Och bitte", aber dann betone ich, dass es ja nur für eine Nacht sei. „Da hätten wir noch einen XL-Platz, der kostet aber 3 Euro mehr!" Er schaut fragend. „Jaja," sage ich schnell und nicke.

Der Einweiser bringt mich auf einen nicht einsehbaren Platzteil, der hinter einer Kurve liegt. „Sie müssen hier rückwärts einparken. Das sehen Sie am Kiesbett." Rückwärts sehe ich aber die Weser nicht mehr. „Darüber beschweren sich alle, die Platzordnung halt…". Beim Aussteigen höre ich Straßenlärm. Motoren von LKW's und Bikern dröhnen am anderen Ufer, wo sich die Straße vorm Berg entlang schlängelt. Diesen Platz möchte ich nicht- weder für eine Nacht noch XXL. Ich stelle mir die Mienen an der Rezeption vor, wenn ich um einen ruhigeren Platz bitte und zögere.

Der Empfangsdame bleibt der Mund kurz offen stehen. Das wäre jetzt aber wirklich sehr, sehr schwierig! Da müsse sie erstmal überlegen. Und sie überlegt. Schwerfällig kreuzt sie auf einem Plan 3 Plätze an und reicht ihn mir. Erleichtert laufe ich los. Das kann nicht sein. Ich gehe hin und her, drehe den Plan von links nach rechts- ungläubig. Die Plätze liegen ebenso, nur in 2. Reihe. In der Rezeption erkläre ich dem anderen Mitarbeiter, dass diese Plätze auch nicht leiser sind. Sein Blick durchbohrt mich. Gekonnt lässig fährt er mit dem Stift über den Platzplan und kreuzt die Nr. 5 auf dem Sonnenweg an. Geht doch, denke ich still und schmunzele, denn auf dem Sonnenweg steht der Bulli bereits, zwischengeparkt sozusagen. Nur die Nr. 5 verbirgt sich noch vor mir. Es gibt 10-18 und weiter vorne 1-9, aber das ist die „Schöne Aussicht" gleich am Ufer, so gut hat er es bestimmt nicht mit mir gemeint. Die dritte Reihe sieht etwas gerupft und uneben aus, da wird es wohl sein.

Der freundliche Einweiser radelt vorbei und ich frage ihn nach Sonnenweg Nr. 5. Er scharrt mit den Füßen und bringt zwei von Gras überwucherte Betonsteine zum Vorschein: 4/5 und 5/6. Hier soll ich vorwärts einparken, das läge am Kiesbett, die Platzordnung halt...

Vorwärts sehe ich aber direkt in die Küche einer Dauercamperin, der Fluss liegt hinten und die Sonne auf der falschen Seite. „Wenn einer anfängt und falsch herum parkt, wo kämen wir denn dahin?" „Eigentlich würde ich gerne quer parken, mit der Schiebetür zum Wasser und zum Sonnenlauf", sage ich schüchtern. Er sieht mich ungläubig an und zückt das Telefon. „Jetzt muss ich mal den Chef anrufen." „Ist doch nur bis morgen früh...", murmele ich vor mich hin. Die dritte Reihe ist komplett leer und XXXXL. Der Chef erlaubt rückwärts- und verstößt damit gegen die Platzordnung. Na, wo kommen wir denn dahin...

Gute Aussichten

Nach einer ruhigen Nacht in Bad Karlshafen führt mich das Navi auf eine öffentliche Forststraße. Sie schlängelt sich bergauf und wird immer enger. Während ich mich frage, ob das wirklich der richtige Weg ist, glitzert die sonnenbeschienene Weser aus dem Tal durch die Bäume zu mir herauf. Welch ein Ausblick! Mitten auf der Straße muss ich einfach anhalten und staunen. Ein Stück weiter oben lädt mich der Einstieg zum Weser-Skywalk zu einer ausgedehnten Pause ein.

Ohne zu wissen was mich erwartet laufe ich den Hang abwärts, vorbei an bemoosten Wurzelballen und Baumstämmen. Es riecht erdig, frisch und ich atme tief durch. Meine zunächst wackeligen Schritte werden mit jedem darauf folgenden sicherer und fester. Einige rote Brombeeren leuchten vor dem tiefen Grün des dichten Gestrüpps. Hier im Schatten werden sie wohl nicht mehr reifen.

Der Blick von der Aussichtsplattform in das Weserbergland raubt mir den Atem. Der Fluss gleitet sanft durch die hügelige Landschaft, winzige Häuser säumen das Ufer und die großen weißen Wolkenbällchen wirken wie gemalt am strahlend blauen Himmel.

Nachdem ich einen Earthcache geloggt habe breche ich wieder auf und fahre über den Naturpark Solling. In den vergangenen Tagen sah ich viele Wälder, die trocken und trostlos sorgenvolle Gedanken auslösen. Nun finde ich hier rechts und links vom Wegesrand eine bunte und sattgrüne Vegetation. Wie sehr wünsche ich mir es sähe in den meisten unserer Wälder so aus. Der typische Herbstwaldduft von Pilzen strömt in meine Nase und gelegentlich kreisen Raubvögel über den Lichtungen am Waldrand. Erbarmungslos stürzen sie hungrig hinab und krallen sich ihre nichtsahnende Beute.

Am Ortseingang von Holzminden schreibe ich eine Bildnachricht an meine ältere Schwester. Auf Familienspuren wandelnd denke ich an sie. Während ich in einem Biergarten mit Blick über die Stadt eine Pause einlege, schickt sie mir eine Antwort. Ob es eine Ahnung war? Genau hier war sie früher auch schon oft und nur wenige Straßen weiter finde ich ihr Elternhaus, in dem sie die meiste Zeit ihrer Kindheit und Jugend verbracht hat. Sie nennt mir eine weitere Adresse und ich werde neugierig. In Stadtoldendorf steht das Haus, in dem sie die ersten Lebensjahre mit unserem gemeinsamen Vater und ihrer Mutter gewohnt hat. Heute befindet sich darin die Stadtbücherei, schreibt sie mir. Mit diesem Abstecher durch kleine Gassen und teilweise wunderschön restaurierte Fachwerkhäuser schließe ich heute eine Lücke in unserer Familiengeschichte.

Geradewegs lande ich kurz darauf bei meiner „Rüschenkleid und Rentenbescheid"-Freundin in Goslar. Auch der coronabedingte Abstand hindert uns nicht am Austausch von Herzenswärme, Vertrautheit und fröhlichem Plappern bis Mitternacht. Und die Aussichten für Freitag sind: höchstwahrscheinlich gut gelaunt, warm, sonnig und gemeinsam den Geschichten von Heinz-Dieter Brandt in den Goslarschen Höfen lauschen...

Trauriges Vorspiel

Mein Kopf sinkt auf seine leblose Brust. Er riecht so wie immer. Zwei Sonnenblumen schmücken seinen reglosen Körper, Kerzen brennen. Mein Blick fällt an die Wand der kleinen Holzhütte. Von Hand geschrieben sind die Namen der Geliebten, die hier ruhen.

Wir verlassen die Hütte und bringen ihn zu dem kleinen Erdloch. Schnell lege ich ihm ein Stoffhäschen neben seinen Kopf, bevor er in Leintücher gewickelt hinab gelassen wird. Die erste Schaufel Erde rieselt hinunter, dann die zweite, dritte, vierte. Warm spüre ich die tröstende Hand meiner Freundin auf der Schulter, während ich ein Schluchzen unterdrücke.

Der Bestatter überreicht uns einen gelben Ballon mit Sonnenblumenkernen. Wir dürfen den Ballon oben auf dem Hügel steigen lassen. Loslassen. Die Leine fest in der Hand überlege ich, wann der richtige Zeitpunkt dafür gekommen ist.

Die vergangenen Tage habe ich auf Zeichen gewartet. Aber jedesmal wenn ich glaubte, eines erkannt zu haben, kamen die Zweifel zurück. Die Krankheit kam langsam und doch viel zu schnell. Erst vor 4 Wochen war die Operation und der Tumor scheinbar entfernt. Binnen 2 Wochen vergrößerte sich die bösartige Masse um mehr als das Doppelte. Trotzdem liebte er seine Mahlzeiten, hat gespielt, sich gefreut, geschmust und sogar schwimmen waren wir noch. Doch dann kam der Tag, der sich unausweichlich ankündigte. Der Tag, an dem wir eigentlich gemeinsam auf Deutschlandreise gewesen wären. Der Tag, an dem er seinen Kopf auf meine Füße legte, schwer atmete und mich aus den Augenwinkeln bittend anschaute. Der Tag, an dem ich ihn gehen lassen musste. Er schleckte die Leberwurst von meinen Händen und schlief ein. Einfach so, ganz still. Glitt hinüber in den Leberwursthimmel.

Den Ballon in Händen sausen die fröhlichen Erinnerungen vorbei: die Katze hilft ihm das Bellen zu lernen. Sein fröhliches Bellen zeigt später an, wenn er ein „Opfer" im Wald retten darf. Lachende Kita-Kinder, die turnen, spielen, rechnen, sprechen, singen- nur um Bono ein Leckerchen bringen zu dürfen. Aber wehe, sie ließen ihre Kuscheltiere liegen, beste Belohnung ever. Sechs süße Welpen. Aufgeschichtete Steinhügel am Ufer eines jeden Gewässers, an dem Bono nach Steinen getaucht ist. Sonnenuntergänge, in die wir zusammen geschwommen sind. Immer wieder- bis zu diesem Tag. Schwerfällig öffne ich die schwitzigen Finger, die Kordel löst sich, er fliegt davon. Hinauf, hoch in den blauen Himmel, der Sonne entgegen. Leb wohl mein treuer Freund, Teamgefährte und geliebtes Familienmitglied.

Unsere Reise führt uns quer durch Deutschland, vorbei an romantischen Seen, über mittelalterliche Brücken, entlang Weser, Elbe, Havel, Oder, mit Blick auf Schlösser, Dome und Fachwerkhäuser. Eine Reise, ein Wettlauf. Zeit, Trauer, Abstand, Freude, Erinnerungen, ein abendliches Bad im Peetzsee, ohne ihn. Die Schiebetür des Bullis fällt laut ins Schloss. Die Hündin rollt sich auf ihrem Platz ein und legt den Kopf ab genau dort, wo er sonst schlief.

Begegnungen

Ein Blick genügt. Die alte Vertrautheit stellt sich ein und mit ihr fröhliche Stunden bei meiner Freundin. Wie im Flug vergehen sie mit plaudern, spazieren, lecker essen und dem Besuch einer Lesung.

Die Sonne ist warm. Leise Musik dringt aus den Goslarschen Höfen, gemütlich schlendern wir hinein. Er ist sofort zu erkennen: weiße Haare, Bart, vor ihm ein Strohhut. Heinz-Dieter oder „weey", wie ihn einige kennen, bereitet sich auf seine Lesung vor. Wir begrüßen ihn und ich „oute" mich. Es geht los. Die Moderatorin benennt die vielseitigen Fähigkeiten des Autors. Er selbst fügt hinzu, er könne nicht alles, nämlich Frauen verstehen fiele ihm schwer. Den Beweis liefert er aufs Wort und stellt mich dem Publikum als Mary-Fu aus Mettenheim vor. Schmunzelnd folge ich seinen Geschichten, zunächst humorvolle und später autobiografische, die einen Einblick in die Zeiten um den zweiten Weltkrieg in Berlin vermitteln. Großer Beifall, von mir mit Gänsehaut!

Meine Reise geht weiter in den Osten. Hier werde ich zunächst belehrt, dass ich nicht einfach abends auf einem Campingplatz aufschlagen darf. Die Regel lautet: erst anrufen. Und da ich nicht angerufen habe: Pech gehabt. Also wird das Mobiltelefon aktiviert: Glück gehabt. Das sind die kleinen Nebenwirkungen der Coronakrise, Machtmissbrauch an weniger wichtigen Schaltstellen.

In Strausberg treffe ich mich mit einer hübschen jungen Frau. Ihre Augen strahlen, die langen braunen Haare wehen leicht im Wind, als sie die Tür öffnet. Als junges Mädchen hat sie zwei Jahre bei uns gelebt, eine intensive Zeit- unser Band hat gehalten. Sie zeigt mir die Stadt, die Promenade und eine leuchtende Gasse, über der bunte Regenschirme aufgespannt sind. Sie durfte letzte Nacht dabei helfen und ist sehr stolz. Ein Besuch bei einer ihrer Lebensbegleiterinnen wird zu einem netten Kaffeeklatsch. Später lockt uns der See und ich nehme ein erfrischendes Bad, während sie auf einem Steg die Sonne tankt. Nach einem guten griechischen Essen verabschieden wir uns, leider wissen wir coronabedingt nicht genau, wann wir uns wieder sehen.

Nach einer ruhigen Nacht am Tiefensee breche ich auf in unsere beeindruckende Hauptstadt. Der Verkehr wird zunehmend dichter. Doch die Straße, in der meine ehemalige Kollegin wohnt, finde ich sofort wieder. Sie empfängt mich mit einem herrlichen Mittagessen, überbackene Enchiladas, ein Genuss! Ein Spaziergang durch die Kleingärten führt uns an die Spree. Es ist heiß auf der Brücke, aber der „Alex" ist von hier aus gut zu sehen, mitsamt seinem berühmten Sonnenkreuz. Die Schatten spendenden Bäume am Ufer sind eine Wohltat. Mit einem tiefenentspannten Fährmann kehren wir zurück. Eine kühle Erfrischung noch und weiter geht die Reise.

Südwestlich von Berlin beschließe ich den Tag mit einem entspannten Bad im See. Gemütlich vor dem Womo sitzend lasse ich die Begegnungen der letzten Tage Revue passieren. Mein Herz schlägt- freudig. Und dankbar!

Ruhezeit

Eine ereignisreiche Zeit liegt hinter mir. Bonos Tod und die Besuche in Goslar, Strausberg und Berlin klingen in mir nach. Trauer vermischt sich mit guten Erinnerungen, Altes knüpft an die Gegenwart an, den Schatten wärmt die Septembersonne. Am Morgen wusste ich nicht, wohin mein Weg führt. Eicheln knirschen beim Packen unter meinen Füßen, sie haben mir in der Nacht mit ihrem arhythmischen „Plong!" den Schlaf geraubt. Müde überlege ich, ob ich nur in den Kiefernwald umziehe. Aber einmal alles gepackt zieht es mich fort.

Mein Navi sagt „Links auf die Fähre fahren". Ich liebe Fähre fahren. Es schwankt, die eisernen Tore schließen sich hinter mir. Das eben noch unerreichbare Ufer nähert sich und ich habe wieder festen Boden unter den Füßen. Das brauche ich!

Die Straße schlängelt sich um den Schwielowsee und streift ein malerisches Dorf. Auf einmal bin ich im Kreis gefahren, habe die Zeit vergessen, wunderbar!

Ein Stück muss ich zurück, dann auf die A2. Genervt verlasse ich sie bei Brandenburg wieder. Landstraßen führen mich durch Maisfelder, Dörfer und Kiefernwälder an den Wusterwitzer See. Gelassenheit und Ruhe empfängt mich. Hier stehe ich mit Blick auf den See in der Sonne. In diesen Tagen drehe ich meine Runden an der Promenade entlang. Die kleinen Badebuchten laden mich zum Schwimmen ein. Möwen schwirren über meinen verwirrten Kopf, Gänse ziehen gen Süden. Meine Gedanken wandern mit, nach Korsika, wo ich ohne Corona jetzt gewesen wäre. Oder auch nicht, wer weiß das schon.

Ich lenke mich zurück ins Hier-und-Jetzt, lasse den Sand durch die Finger rieseln und erblicke das Bootshaus. Ein Eis? Und was für eins! Das gönne ich mir. Und abends Leckereien beim Italiener, toskanische Düfte westlich von Berlin…

Ein Gartentor zieht meine Aufmerksamkeit auf sich. Verwunschen sieht es hier aus. Das Schild lädt ein, Honig aus eigener Imkerei zu kaufen, auch Kartoffeln, Zwiebeln, Zucchini oder Kürbis. Die rostige Dose klemmt. Ein junger Mann in Latzhose kommt herbei, einen

Strohhut auf dem Kopf- eindeutig der Gärtner. Die Dose klappt auf und ich lege strahlend das Klimpergeld hinein. Er lacht, ja sie sei schon sehr alt, bestätigt er meinen Verdacht. Abends koche ich Kartoffeln mit Knofi-Quark und morgens brate ich sie mit Spiegelei. Perfekt!

Beim Abendessen landet eine rote Libelle direkt vor mir auf einem grünen Zweig. Sie breitet ihre Flügel aus. „Siehst du wie hübsch ich bin? Schau, ich zaubere dir ein Lächeln ins Gesicht." Es stimmt. Sie breitet die filigranen Flügel aus und die Sonne schillert in allen Farben darin. Schnell halte ich diesen Anblick fest. Ich halte mich fest an der Schönheit der Natur, die mich umgibt.

Nachts stehen die Sterne hoch über dem Wald hinterm See. Sie spiegeln sich im Wasser und schließen den Kreis. Oben und unten wird eins. Eingehüllt in meine Decke atme ich die klare Nachtluft. Eine Möwe seufzt. Die Wellen schlagen ans Ufer, während mein gleichmäßiger Atem in einen der vielen unruhigen Träume fällt.

Camperleben eben

Einfach drauf los fahren- so nehme ich es mir vor. Es geht Richtung Osten. Auf der Autobahn fährt ein Womo vor mir, ich lese: ‚Ankommen ist nicht das Ziel, sondern unterwegs sein‘. Wie passend. Am Diemelsee bin ich müde und lege einen Stop ein. Die Rezeption ist unbesetzt, auf mein Klingeln kommt eine mürrische Frau. Erster Satz: „Was wollen Sie?" Zweiter Satz: „Der Hund bleibt aber draußen!" Dritter Satz: „Duschen und WC können Sie aber nicht benutzen." Ich höre heraus: „Wollen Sie wirklich hier bleiben?" Für 5 Euro? Na klar! Es wird eine ruhige Nacht, mit Abendrunde am Hundestrand! In dieser Nacht gibt die Batterie schon kurz nach Einbruch der Dunkelheit den Geist auf. Der Kühlschrank brummt nicht mehr, die alte Taschenlampe funkelt noch- auch gut.

Ich melde mich in Goslar bei meiner Freundin an. Sie hat Sorge mir könnte es vor ihrer Garage nicht gefallen. Ganz ehrlich? Umsorgt von so viel Herzlichkeit gibt es kaum bessere Plätze. Strom ist da und Wasser auch. Leckeres Essen, lachende Augen. Ihr Mann fragt erschrocken:

„Was läuft denn da aus?" „Nur Wasser", beruhige ich ihn. Er kennt sich nämlich mit Fahrzeugen gut aus, hier bekäme ich sogar Pannenhilfe. Und eine strahlend helle Taschenlampe mit Flashlight hat er auch für mich! Was soll jetzt noch schief gehen?

Am Scharmützelsee kommt mir die Empfangsdame schon aufgeregt entgegen und fragt, ob ich vorher angerufen habe. Nein? Obwohl noch viel Platz ist schickt sie mich fort. So seien die Regeln, belehrt sie mich. „Un' Sie brauchen det auch jar nischt erst bei die anneren versuchen!" Schon klar, die haben dieselbe Regel. So sind sie, die kleinen Corona-Auswüchse. An diesem Abend beschließe ich mich den Regeln zu fügen und rufe an- Platz bekommen ;-).

Der Platzwart am Peetzsee weist mir eine Stelle gleich vorm Klohäusel zu und freut sich, mir so einen praktischen Platz anbieten zu können. Er wundert sich über meinen kritischen Blick. „Finden Se den nischt jut?" Nee, da hör ich nachts die Türen klappern und die Klospülung rauschen. Ich mag's lieber etwas abseits. „Det hab ick ja noch nie jehört, die Kloooospülung…", murmelt er sich in den Bart, während

wir zu einem anderen Platzteil laufen. Manno-
mann, bin ich wählerisch…

Natürlich habe ich allein auf Reisen die
Ohren gelegentlich bei den Nachbarn. Vorm
Wohnwagen der Dauercamper gegenüber sitzen zwei betagte Paare. Alle sprechen durchein-
ander, aber einen Satz höre ich deutlich heraus:
„Darum ist es JA, weil es nicht NEIN ist." Und
dann: „Ich sach et ja nur." Bei soviel Durchei-
nander muss es aber auch wirklich mal gesagt
werden!

Ankunft auf dem Campingplatz in Penzlin.
Ich bin eh genervt, weil alles so rammelvoll ist
und ich weit fahren musste. Endlich ein nettes
Plätzchen auf einer Kuhweide gefunden öffne
ich die Tür, um die Vorderreifen aufzubocken.
Eilig kommt Herr Nachbar Dick von Doof an-
gerannt: „Machen Sie sofort ihr Radio leise!"
Au, das hätte ich wissen müssen- falsches Gen-
re, Freunde finde ich hier wohl nur mit Volks-
musik…

Pfötchen Knötchen Anekdötchen

1 Würde ich zu meiner Hündin sagen: „Gib Pfötchen!", doch sie blickt weg und macht Platz, dann wäre das ungefähr so, wie die Reaktion einer Großmutter am Strand. Die nämlich insistiert laut: „Das heißt ‚ich habe'!" Ihr Enkel erzählt gerade freudig lachend eine herzige Geschichte von seinem Kita-Freund. Wie kann er dabei nicht an die deutsche Grammatik denken? So ein Bengel. „Ich habe!", keift es gleich noch einmal in mein Ohr.

2 „Hier müssen Sie rückwärts einparken, wegen dem Kiesbett." Ach so. Da sehe ich nur das Wasser nicht. „Ja, da beschweren sich alle drüber." Neuer Platz. Leere Wiese. „Hier müssen Sie aber vorwärts einparken, wegen dem Kiesbett." Da sehe ich keins. Am Liebsten würde ich quer stehen. „Nein, wo würden wir denn da hin kommen! Wenn einer damit anfängt… (Kopfschütteln) Jetzt muss ich mal den Chef anrufen." Der Chef löst den Knoten und ich darf rückwärts stehen, obwohl doch eigentlich vorwärts dran wäre- nochmal Glück gehabt…

3 Die Bekannte in Strausberg berichtet von einem Übergriff in der Stadt, bei dem ein Vietnamese mit einer Machete andere Gangmitglieder durch die Straßen jagte. Mit meinem ehemaligen Pflegemädel fahre ich zum Schwimmen an den See. Plötzlich fällt mir auf, dass ich mein Handy im Auto liegen lassen habe, genau in der Scheibe. Mein Mädel beruhigt mich: „Wir sind doch nur in Strausberg, hier sind die nicht so schlimm." Nee, hier jagen sie sich nur mit Macheten, denke ich…

4 Am Spreeufer gehen wir auf die Fähre. „Sind ja nur Sie beide, da können'se die Masken ruhig ausziehen", sagt der relaxte Fährmann. Ein junger Mann kommt dazu. „Wenn Sie sich an die Seite stellen, können'se die Maske ausziehen." Dann legt er ab. Ich hätte so gerne gewusst, wie die Geschichte weiter gegangen wäre…

5 Im italienischen Restaurant sitze ich seit mindestens fünf Minuten alleine am Tisch. Der Kellner kommt und legt zwei Karten hin. „Sie sind doch sicher zu zweit?" Wenn Sie den Hund meinen- aber der kann nicht lesen. Er nimmt die zweite Karte enttäuscht wieder mit. Ich darf trotzdem bestellen, lecker war es auch…

6 Am Nachbartisch unterhalten sich zwei Paare gesetzten Alters. Eine Dame fragt, was das denn für Türme am Horizont seien, ein breiter und zwei schlanke hohe. „Wassertürme", erläutert einer der Herren. „Oh", kichert die andere, „die zwei rechten haben aber gerade wenig Wasser…"- ausschweifendes Gelächter.

7 An einem anderen Tisch tauschen Ehepaare ihre Reiseerfahrungen aus: „Nach der Wende sin'wer ja viel rumjefahrn, jetzt müssen wir auch schon so sprechen!" (Betonung auf Hochdeutsch…) Die Antwort frei nach Goethe folgt auf dem Absatz: „Warum in die Ferne schweifen, wenn dat Jute liegt so nah…".

Janz ährlisch? (Rheinländisch übrigens…) Weniger nah wär' mir so manchmal och janz recht. Oder sollte ich doch dem Rat meiner wild gestikulierenden letzten Vermieterin folgen: „Dann ziehen Sie doch in den Wald!" (Mit der Stimme aus der beleidigten-Mädchen-Werbung.) Jawoll!

Ab auf die Insel...

Kreuz und quer fahre ich im Zickzack-Kurs gen Norden. Ich streife Landschaften, die üppige Ernte versprechen, goldgelbe Maisfelder, Kiefern- und Eichenwälder. Gelegentlich atme ich an einem der Seen durch, werfe mich ins frische Wasser und lasse mich treiben. Am Wegesrand entdecke ich Dörfer mit alten roten Backsteinhäusern und Flüsse, auf denen Hausboote schippern. Bunt bemalte Fahrräder an Straßenecken laden ein auf Tour zu gehen. Der Havelradweg kreuzt meinen Weg gleich mehrfach. Im Zickzack-Kurs durch das Mecklenburger Seenland fühle ich mich wie ein Häschen auf der Flucht. Doch wie von Zauberhand finde ich immer wieder einen Unterschlupf und meine Seele findet allmählich zur Ruhe.

Magnetisch zieht es mich weiter in den Norden. An der Ostsee scheint entgegen aller Vorhersagen die Sonne, ohne auch nur von einem Wölkchen getrübt zu werden. Getrieben von der Sehnsucht nach der Weite des Meeres lande ich auf der Insel Poel. Die Bulli-Wiese eröffnet mir freien Blick auf Felder und Dünen. Unterwegs sein und zugleich ankommen- ja, das ist es!

Der Sand unter den Füßen ist grob und steinig. Der Weg zum Hundestrand entlang der Dünen lädt mich ein, Lasten abzulegen. Am leuchtenden Hagebuttenstrauch hänge ich den Job ab, der mir in letzter Zeit über meine Kräfte einfach alles abverlangt hat. Der Holunderbusch nimmt mir ein Stück Trauer ab, vor der ich zu flüchten versuchte. Die Sonne scheint mir ins Gesicht und bringt das Lächeln zurück. Der Sand rieselt zwischen meinen Zehen und schenkt mir Zeit. Das Wasser umspielt meine Waden und Ruhe durchströmt mich. Ablegen dürfen- hier kann ich es!

Bedächtig sitze ich im warmen Sand und verfolge die Spuren, die ihn zeichnen. Kleine Füße und große, Hundepfoten, gleichmäßige Muster, die der Wind hinein gemalt hat. Ich lasse meinen Blick über den Horizont streifen. Weit draußen schweben scheinbar schwerelos die Segler vorbei, ihre Segel voll im Wind. Wellen bilden kleine weiße Schaumkrönchen und die Möwen schwirren laut kreischend am blauen Himmel. Sie landen mit einem lauten Platsch nur wenige Meter vor mir im seicht abfallenden Meer. Ich atme den Duft von Salz, Sand und Tang tief ein, aus und wieder ein. Im Hafen genieße ich geräucherten Fisch, ein Straßenmusiker sorgt für einen stimmungsvollen Sonnenuntergang. Ich sammle: Steine, Muscheln, Augenblicke.

Manche davon halte ich mit der Kamera fest und genieße in der einkehrenden Dunkelheit die Rückschau auf den Tag. Einige Fotos oder Geschichten teile ich und bekomme mitfühlende Nachrichten zurück. Allein unterwegs und doch gibt es viele Begleiter, ein schöner Gedanke!

Eingemummelt in eine warme Decke halte ich meinen duftenden Morgenkaffee in den Händen. Im Nacken spüre ich den kühlen Hauch der Nachtluft, der allmählich von der Sonne gewärmt wird. Das Gras glitzert grünbunt in der aufgehenden Sonne. Mit nackten Füßen laufe ich über die Wiese und spüre in den kommenden Tag hinein. So fühlt sich Freiheit an! Und Glück...

Lauschangriff...

Wie ich bereits offenbarte hänge ich, allein unterwegs, spaßeshalber meine Lauscher weit aus. Abgesehen von der Spannung, damit an der Grenze des Illegalen zu tänzeln, gibt es kaum eine witzigere Unterhaltung. Hör mal zu:

Am Hafen sitzen sechs Rentner auf zwei Bänken, drei Frauen und drei Männer. Sie unterhalten sich auf sächsisch über die Segler. Es ist absolute Windstille. Sagt einer: „Die fahren raus jetze." Der andere: „Mit Motor, das kann ja jeder…". Dann stehen sie auf. Fragt einer seine Frau: „Wo geht es denn jetzt lang?" „Nach rechts", antwortet sie. Der Weg geht sowieso nur dahin…

Schräg gegenüber wohnt ein sehr gesprächiger Mann, der jeden, wirklich jeden anquatscht. „So lässt es sich aushalten!", bekommt jeder zu hören, der in der Sonne sitzt. „Das sieht nach Massenansturm auf den Strand aus!", hören alle, die mit dem Handtuch das Gelände verlassen. Einmal hält er einer Dame das Tor auf: „Fallen

Sie nicht, anderthalb Zentimeter können weh tun!" Was meint er???

Eine junge Familie verlässt den Spielplatz. Das kleine Mädchen schreit wie am Spieß, an der Promenade drehen sich alle danach um. Die Mutter geht mit dem Mädchen an den voll besetzten Bänken auf der Promenade vorbei. Sie sagt verzweifelt: „Wir dürfen bestimmt nicht mehr kommen, guck wie die Leute dich anschauen!" Das Mädchen dreht ein wenig den Kopf, verstummt einen Moment und schreit mindestens eine Oktave höher weiter.

„Stop!", höre ich es auf dem Platz gegenüber erst leise, dann deutlich kräftiger: „Stopp!!" Eine Frau weist ihren Mann mit dem Womo rückwärts in die Lücke. Beim dritten Mal kreischt sie mit überschlagender Stimme: „Stoopp!!!" KRACKS. Für die kleine Birke kam das leider zu spät...

Ein Stück weiter sitzt eine etwas skurrile Camper-Runde mit bunten Kastenwagen. Einer fragt: „Was?" Eine Frau antwortet: „Das sind Stühle. Dieser hier heißt Stuhl und dieser hier heißt auch Stuhl." Plötzlich schreit er: „Nein, nicht schmeißen!" Leider sehe ich nichts, die Womos stehen im Weg...

Ein bärtiger Skipper arbeitet im Hafen an seinem Boot. Er beendet sein Werk, als der Sonnenuntergang einsetzt. Mit einem Bier hockt er sich auf den Bug. Alle Passanten quatschen ihn an. Es sind immer dieselben Sprüche, wie in der Werbung: „Ach ja, jetzt ein kühles Bier...", oder „So ein Platz in der ersten Reihe...". Der Skipper meint trocken: „Die Musik gibt's gratis dazu!" Dann dreht er laut auf und die Bierflasche plöppt. Die Leute verstummen und genießen den Sonnenuntergang mit Simon & Garfunkel und Rod Stewart. Die Sonne ist weg, alle verlassen den Steg. Er lädt sie fröhlich für morgen früh um 5:30h zum Sonnenaufgang ein- ob ich hingehe?

In der Rezeption desinfiziere ich meine Hände. Der Spender brummt einmal, noch einmal. Es dauert keine Sekunde da ruft die Empfangsdame in die Runde: „Bitte nur einmal!" Sie hat wohl nicht gesehen, dass mir die Hälfte daneben gegangen ist. So werde am Ende auch ich Opfer eines Lauschangriffs- ganz ohne etwas gesagt zu haben…

43

Der Steilküstenweg

Seit Tagen habe ich sie im Visier, die Steil-
küste. Aber mir fehlt der Mut da entlang zu laufen. Warnschilder weisen eindringlich darauf
hin, dass es zu Erdrutschen kommen kann. Wie
im wahren Leben, darin nur ohne Vorwarnung.
Und das ist auch gut so! Ich warte also auf den
richtigen Moment. Und er kommt!

Diese Nacht habe ich schlecht geschlafen
und bleibe länger liegen. Aber das Gerödel um
mich herum und die Sonne locken mich hervor.
Meine Hunderunde führt mich zum Bäcker und
mit süßen Sahneleckereien setze ich mich auf
eine Wiese, Blick auf Hafen, Meer- und Steil-
küste. Noch ist nicht viel los auf dem schmalen
begehbaren Streifen davor. Die Möwen auf der
kleinen Mole scheinen mich auszulachen. War-
tet's ab!

In ca. 500 m gibt es einen Earthcache zu
lösen. Dort findet man keine Dose, aber Erdschichten, zu denen Fragen beantwortet werden müssen. Das ist mein Trigger. Das GPS in
der Hand gehe ich los. Auf der Infotafel lese ich

etwas über Geschiebemergel und -lehm sowie Schmelzwassersand. Man soll herausfinden, wie diese Schichten an einer ganz bestimmten Stelle vorzufinden sind. Jetzt am Morgen liegen die Steilwände noch im Schatten. Die vom Meer rund ausgespülten Höhlen wirken finster, schwarze Löcher voller Geheimnisse. Misstrauisch schaue ich nach oben. Über mir hängt eine Wurzel scheinbar in der Luft- am seidenen Faden. Andere Bäume liegen bereits unten, quer über dem Weg. Bei einigen kann man hinter der blank liegenden Wurzel entlang laufen, dicht an der hohen bröseligen Wand. Die Farben der Erdschichten changieren in verschiedenen Gelbtönen, hier mehr grau, dort fast ocker. Ich fühle daran entlang, ohne die Risse aus den Augen zu verlieren. Ob die Wand genau an diesen Rissen demnächst wieder abrutscht? Im Winter, wenn der Frost sie sprengt?

Zur Abwechslung laufe ich näher am Wasser entlang und freue mich an den bunt glitzernden Steinen. Alle Farben sind hier vertreten und sogar einen winzig kleinen Bernstein finde ich. Ein Tagpfauenauge landet auf einem angebissenen Apfel und labt sich an dem Überbleibsel. Meine Hündin trabt ins Wasser und bringt mir einen Krebs. Das GPS zeigt an, dass ich es gleich geschafft habe. Und es hat sich gelohnt. Vor mir befindet sich die gesuchte Stelle, vielleicht 10-12 m hoch ist die Küste hier. Klingt nicht viel, aber von unten betrachtet- beeindruckend! Am oberen Rand zeigen sich Wurzelwerk und Erde, darunter viele kleine Löcher. Schlupflöcher? Kiesel fallen deutlich hörbar herab. Ein bisschen mulmig ist mir schon, aber die Freude überwiegt. Ich habe es geschafft- das Rätsel um den Earthcache konnte ich lösen!

Auf dem Rückweg genieße ich die Sonne, die sich ihren Weg um die Landzunge gebahnt hat und die Küste in ihr gleißendes Licht einhüllt. Möwen und Reiher besetzen die gewärmten Felsbrocken im Meer. Ab und zu werfen sie sich mit Geschrei auf ihre Beute im Wasser. Vom Hafen aus bewundere ich dieses einzigartige und leider so gefährdete Naturschauspiel- vielleicht zum letzten Mal?

Augen auf und durch...

Ortseinfahrt. Bin ich schon am Ziel? Auf der Durchreise sehe ich viele dieser gelben Schilder. Hinter jedem verbergen sich neue Bilder. Jede Stadt, jedes noch so kleine Dorf ist einzigartig und hält überraschende Ansichten bereit. In einem Dorf finde ich eine nette kleine Biobäckerei mit Café. Sie befindet sich versteckt im Hinterhof eines ehemaligen Gutshofs, nur ein winziges Hinweisschild an der Straße führt mich hierher. Welch wunderbare Pause zwischen bunten Blumen, Hagebutten und liebevoller Deko. Kinderstimmen. Neugierig laufe ich zum Wald und sehe fröhliche Kinder vor einem Waldkindergarten-Wagen spielen. Es gibt Orte, an denen ich sofort bleiben würde, dieser gehört dazu.

Eine andere Stadt wiederum hofiert mit imposanten Gebäuden. Eine Kleinstadt begrüßt und verabschiedet die Durchreisenden mit einem filigranen Stadttor aus roten Ziegelsteinen. Immer wieder gäbe es Anlässe um anzuhalten, zu schauen, zu verweilen.

An einigen Tagen entscheide ich morgens spontan, wohin die Reise geht. Jedesmal wenn ich in den Zielort einfahre erlebe ich ein emotionales Feuerwerk. Soll ich bleiben? Lieber weiter fahren? Manchmal trügt der spontane Eindruck und erst beim genaueren Hinsehen entfaltet der Ort seinen Charme. Ein andermal ist es die Luft, und alles was darin an typischen Düften für eine Gegend liegt, die mich zum Bleiben veranlasst. Kiefernwälder, Pilzduft, Moos unter den Füßen, Badeseen und nicht zuletzt das Meer wirken geradezu magnetisch. Sie ziehen mich an, halten mich fest, tragen mich durch die Zeit. Solange, bis es mich wieder zum Aufbruch drängt.

Ortsausfahrt. Wo geht die Reise hin? Immer der Sonne entgegen, beschließe ich, und orientiere mich ein wenig an den Voraussagen. Unterwegs sein. Gedanken kommen und gehen lassen, vor allem loslassen. An jeder Ortsausfahrt kann ich Ballast abwerfen. Angesammelte ungute Gefühle bleiben auf der Strecke und werden getauscht gegen sonnige Aussichten. Unwissend und geduldig nehmen die Dörfer an meiner Route den Ballast entgegen. Es bringt sie nicht aus dem Gleichgewicht und ich gewinne meines zurück. So hoffe ich jedenfalls.

In den Seen ertränke ich Tränen und steige erfrischt aus den aufgewühlten Tiefen ans Ufer. Ich gewinne wieder Land. Festen Boden unter den Füßen.

Ankünfte und Abschiede. Sie liegen so nah beieinander, manchmal nur wenige Meter oder Minuten. Meter, die den Blick verändern und die Aussicht auf Unverhofftes frei geben. Minuten, die viele Glücksmomente enthalten und Altes, Schweres mit aller Kraft verdrängen. An jedem dieser Orte schaue ich ein letztes Mal zurück, gehe die geliebten Wege noch einmal ab und präge mir die wichtigsten Merkmale genau ein. Was hat mich glücklich gemacht? Was wird bleiben? Wird es ein nächstes Mal geben? Vielleicht nicht hier, aber anderswo bestimmt.

Mein Womo ist abfahrtsbereit. Ich habe, so hoffe ich, alles gut verpackt und rutschsicher verschnürt. Damit der Aufprall zuhause glimpflich ausgeht...

Sanfte Landung

Warmes Wasser prickelt auf meine Schultern, die strohigen Haare freuen sich über Shampoo. „Bitte benutzen sie ihre eigenen sanitären Vorrichtungen." Jeder Campingplatz bittet am Empfang um Entlastung der Waschhäuser. Ich habe vorgesorgt. Nein, ich habe mir keine Nasszelle einbauen lassen. Ein Klosett mit Spülung gibt es aber schon, versteckt im Heck!

Campingdusche zu Coronazeiten- ein Rückblick: Morgens. Mit dem schwarzen Seesack laufe ich zur Wasserstelle. Etwa 30 l kann ich gerade so zum Womo schleppen. Ich stelle den Sack in die pralle Sonne. Abends. Das Wasser ist lauwarm. Ich nehme den Schlauch. Den Duschkopf davor geschraubt teste ich, ob der Akku für die Tauchpumpe aufgeladen ist. Passt. Pumpe in den Sack und los. Ein Tarp dient als Sichtschutz, Magnete befestigen es an der Heckklappe. Wind? Ist großer Mist! Heringe auspacken, feststecken. Die Bioseife liegt bereit. Es muss schnell gehen, das Tarp klebt überall, wo es meine feuchte Haut erwischt, wenn der Wind drauf hält. Nichts mit Genuss und so. Aber erfrischend! Und irgendwie frei…

Warmes Wasser prickelt auf meine Schultern, ich genieße es. Dennoch würde ich es wieder tauschen. Noch am Morgen weht an der Küste eine frische Brise. Regentropfen prasseln herab, die Sonne lugt hervor- ein Wechselspiel. Wolken rahmen die Hafenkulisse und das Meer ist aufgewühlt. So aufgewühlt wie ich.

Abschied. Mit zerzausten Haaren stehe ich auf dem Bootssteg und lasse mir den Wind um die Nase wehen. Die Tasche duftet nach geräuchertem Fisch, die Hündin ist begeistert und läuft brav mit mir die letzte Runde. Das Meer schäumt und gluckert. Es spricht mir Mut zu und ich nehme seine Energie auf. Ein Rettungsring leuchtet in einem Sonnenstrahl. Aufgeladen, ausgeruht und zufrieden flüstere ich mein Adieu- es wird vom Wind weit auf's Meer hinaus getragen.

Rückreise. Gut ausgeschlafen fliege ich förmlich über die Autobahn. Viele Gedanken fluten mich wie das Spiel der Wellen im Wind, ein Auf und Ab, Kommen und Gehen, Sorgen und Hoffnungen.

Was erwartet mich? Welche Neuigkeiten gibt es? Gute? Oder weniger? Auf jeden Fall gibt es etwas zu feiern. Der 21-jährige Sohn hat mit 1,2 sein Studium beendet. Das sind doch wirklich gute Nachrichten. Der jüngere Sohn ist gesund und die Katze hat seine Pflege überlebt- sehr gut!

Ankunft. Trotz Stau bin ich früher als erwartet zuhause angekommen. Jemand hat den Vorgarten gepflegt, ungewöhnlich, aber nett. Berge von Post sind im Wohnzimmer verteilt. Ich sammle sie ein und entdecke zwei kleine Päckchen. Nachdem ich den Bulli ausgeladen und Wäsche angestellt habe, schaue ich sie mir in Ruhe an. Es ist das Buch „Menschenliebe" mit einer Widmung von Eva. So ein schönes Geschenk, ich freue mich darauf, es zu lesen! Das andere Päckchen kommt aus Horn, von Pansilva. Sie schickt mir einen selbst bemalten Stein- ein rotes Herz, ein schwarzes Hundepfötchen und der Name „Bono". Ich freue mich. Das Bild ist sofort präsent: da ist der Rettungsring im Sonnenstrahl...

MARIEFU

Die Autorin, geb. 1963, liebt Bücher und Musik seit ihrer Kindheit. In ihren Kurzgeschichten hält sie Erinnerungen fest, beschreibt ihre Eindrücke von Reisen, persönliche Gedanken und Erfahrungen. Beruflich seit über 30 Jahren im sozialen Bereich tätig richtet sie ihren Fokus vor allem auf gegenseitige Wertschätzung, Humor und zwischenmenschliche Begegnungen. Sie lebt mit ihrer Familie, Katze und Hund in einer Kleinstadt im Rheinland.

Alle Storys von Mariefu zu
finden auf www.story.one

schreib's auf
story.one

Viele Menschen haben einen großen Traum: zumindest einmal in ihrem Leben ein Buch zu veröffentlichen. Bisher konnten sich nur wenige Auserwählte diesen Traum erfüllen. Gerade einmal 1 Million publizierte Autoren gibt es derzeit auf der Welt - das sind 0,013% der Weltbevölkerung.

Wie publiziert man ein eigenes story.one Buch?

Alles, was benötigt wird, ist ein (kostenloser) Account auf story.one. Ein Buch besteht aus zumindest 12 Geschichten, die auf der Plattform gespeichert werden. Diese lassen sich anschließend mit ein paar Mausklicks zu einem Buch anordnen, das sodann bestellt werden kann. Jedes Buch erhält eine individuelle ISBN, über die es weltweit bestellbar ist.

Auch in dir steckt ein Buch.

Lass es uns gemeinsam rausholen. Jede lange Reise beginnt mit dem ersten Schritt - und jedes Buch mit der ersten Story.

Lightning Source UK Ltd.
Milton Keynes UK
UKHW031017131120
373077UK00030B/1106

9 783990 872970